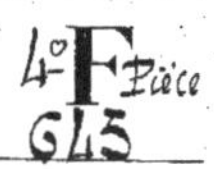

MÉMOIRE SUR LA *TANISTRY*,

PAR

M. PAUL VIOLLET.

EXTRAIT
DES MÉMOIRES DE L'ACADÉMIE DES INSCRIPTIONS ET BELLES-LETTRES,
TOME XXXII, 2e PARTIE.

PARIS.
IMPRIMERIE NATIONALE.

LIBRAIRIE C. KLINCKSIECK, RUE DE LILLE, 11.

M DCCC XCI.

MÉMOIRE

SUR LA *TANISTRY*,

PAR

M. PAUL VIOLLET.

EXTRAIT
DES MÉMOIRES DE L'ACADÉMIE DES INSCRIPTIONS ET BELLES-LETTRES,
TOME XXXII, 2e PARTIE.

PARIS.

IMPRIMERIE NATIONALE.

M DCCC XCI.

MÉMOIRE

SUR LA *TANISTRY*.

PRÉAMBULE.

Il peut être utile de fixer, avant tout, le sens que j'attache, dans ce mémoire, à l'expression *tanistry*. J'appelle de ce nom un droit successoral, ordinairement politique, suivant lequel l'héritage du défunt passe, non à ses enfants, mais au collatéral le plus âgé ou aux collatéraux les plus âgés.

Le mot *tanistry* (ce mot est anglais, mais d'origine irlandaise) a pénétré, dès le commencement du XVIIe siècle, dans des ouvrages juridiques écrits en langue française[1]. Plusieurs historiens modernes l'ont adopté à leur tour. Il m'évitera de perpétuelles et fatigantes périphrases. Je le préfère au mot *séniorat* que les Allemands emploient souvent en ce sens. L'expression *séniorat* éveillerait chez tous les lecteurs français et, en particulier, chez les médiévistes des idées bien différentes et créerait une confusion fâcheuse[2].

[1] Je songe aux ouvrages de Davies publiés en Angleterre. Davies sera cité un peu plus loin dans le présent mémoire.

[2] Je laisserai systématiquement de côté dans ce mémoire tout ce qui intéresse l'histoire de la *tanistry* réservée aux parents du côté maternel. C'est un aspect du droit que j'envisagerais à l'occasion du *Mutterrecht*, si j'en abordais un jour l'étude.

C'est avec intention que je viens de donner de la *tanistry* une définition élastique qui me permettra de grouper sous cette rubrique des institutions évidemment apparentées, mais qui ne sont pas identiques. Le jurisconsulte historien ne sera jamais tenté de me reprocher cette précaution; car il sait que la définition très rigoureuse et très précise d'une institution, définition convenant à tel peuple et à tel temps, devient inexacte, si on l'applique à un autre peuple et à un autre temps. La définition très précise et très complète de la vente, du mariage, de la puissance paternelle française ne conviendra pas à la vente, au mariage, à la puissance paternelle romaine. Il en est de même de presque toutes les institutions juridiques. J'embrasse des temps et des lieux très divers. Je dois donc m'arrêter à une définition suffisamment large et souple.

Il est une autre considération qu'il peut être utile de mettre sous les yeux du lecteur, s'il n'est pas familiarisé avec les phénomènes du développement juridique et social. Une institution ne vient pas au monde toute faite, entièrement formée. C'est par une série d'aspirations, de tâtonnements, d'entreprises incomplètes ou inachevées, souvent de luttes à main armée, que s'élabore peu à peu une coutume ou une institution politique. Elle ne jaillit pas brusquement du cerveau du législateur. Je serai donc conduit à rattacher à cet exposé certains faits qu'un jurisconsulte non historien voudrait peut-être écarter. C'est ainsi qu'en traitant de la *tanistry* en France, je tiendrai grand compte de certains épisodes sanglants de notre histoire qui forment, à mes yeux, comme la préface du capitulaire du IXe siècle où cette même *tanistry* conquit, pour un moment, une place officielle et légale.

D'autre part, certaines institutions qui prendront plus tard une vie et un développement distincts se présentent souvent, à l'origine, emmêlées de telle sorte qu'avant l'heure de la bifurcation de deux institutions primitivement confondues, l'histoire de chacune d'elles ne doit pas rester circonscrite et isolée. Voilà pourquoi, à propos de l'Irlande, des pays slaves du Sud, de l'Arabie, etc., je ferai intervenir l'idée de l'élection. Le choix du plus âgé se présente, en effet, souvent comme la règle imposée ou proposée aux électeurs. *Tanistry* et élection sont, en ce cas, deux idées conjointes. Ce mélange ancien de notions qu'aujourd'hui nous distinguons soigneusement ne saurait surprendre quiconque s'occupe de droit comparé et d'histoire sociale. Celui-là sait que les idées juridiques ne se fixent et ne se différencient que très lentement.

Le présent mémoire sera, pour plus de clarté, divisé en deux paragraphes :

I. La *tanistry* hors de France;

II. La *tanistry* en France.

I. La *tanistry* hors de France.

Le régime successoral que je viens de définir peut provenir de causes diverses. L'une de ces origines attire mon attention, au début de ce travail. Je songe à l'organisation de certaines tribus ou grandes familles des périodes primitives. Le chef était dans ces tribus un des anciens, le plus puissant d'entre eux ou celui qui était réputé le plus sage, le plus avisé. La succession directe eût exposé la communauté familiale aux plus grands périls : il lui fallait un chef expérimenté. Telles furent les conditions requises, par exemple, en Irlande pour la désignation du chef de famille. C'est peut-être dans ce pays, c'est peut-être en Irlande que le développement de l'institution est le plus complet et le plus facile à saisir. Et, pour ce motif, le point de départ de cet exposé général sera précisément l'Irlande. La famille, en Irlande, comprend les parents jusqu'au quatrième degré canonique. Dans le haut moyen âge, la direction de cette grande famille était dévolue, à la mort du chef, « au plus expérimenté, au plus noble, au plus prudent, au plus savant, à celui qui a le plus d'amis, au plus fort pour défendre, au plus fort pour attendre prospérité ou adversité[1] ». Voilà qui suppose évidemment un choix, une élection[2]. L'âge n'apparaît pas encore dans les textes, bien qu'il doive, dans la pratique, jouer un grand rôle, car le respect pour les anciens est un fait général. « Le plus expérimenté » et « le plus prudent » sera ordinairement un ancien. Descendons, sans quitter l'Irlande, l'ordre des temps. Des textes du XVIe siècle (on pourrait, je n'en doute pas, en citer de plus anciens) nous parlent tout à la fois de l'âge et de l'élection. Les électeurs, s'ils agissent avec sagesse et conformément à la coutume théoriquement admise, doivent élire le plus âgé. En fait, c'est le plus fort qu'ils nomment. Tout Irlandais qui songe à devenir chef de clan s'entoure, à l'avance, d'hommes de guerre, paresseux et pillards, qui, au jour de la lutte, s'efforceront de faire de leur chef le candidat le plus redouté. Aussi le pays, disent les Anglais, est-il livré à toutes les exactions et à tous les abus[3].

[1] *Senchus Mor*, dans *Ancient laws of Ireland*, t. II, p. 279. Joignez la glose qui est fort curieuse. Je dois cette traduction à mon confrère et ami, M. d'Arbois de Jubainville. Je lui dois aussi ce qui est dit plus haut sur la parenté comprise dans la famille irlandaise. Pour les droits utiles qu'avait déjà le chef de la famille au temps de la rédaction de la glose du *Senchus Mor*, voyez p. 280. Le mot irlandais *tanaiste* signifie proprement *la seconde personne*, *l'héritier présomptif*. (Note de M. d'Arbois de Jubainville.)

[2] Rapprochez le chef de tribu des Hébreux, le *nâsi*, c'est-à-dire *l'élevé*, probablement l'élu. (Munk, *Palestine*, p. 80, note 1, p. 195.)

[3] *Calendar of Carew-papers*, 1515-1574, p. 331-348.

Au commencement du XVIIe siècle, nous rencontrons dans cette même Irlande un système successoral, applicable à certains biens et à certaines familles nobles et qui n'est autre chose que le vieux droit ci-dessus décrit, mais solidifié, systématisé. Ce système (celui que les jurisconsultes anglais appellent *tanistry*) est alors contesté en droit; le vainqueur en a prononcé l'abolition, mais il garde une grande force dans l'opinion. A cette date, il n'est plus question d'élection; l'âge seul sert à désigner l'héritier. Cependant, sous les théories par lesquelles on s'efforce de justifier cette dévolution à l'aîné de la famille se cache un souvenir historique encore vivant. On n'ignore pas qu'il y a eu autre chose que l'âge dans la *tanistry* : on sait que l'aîné n'est appelé que parce qu'il est le plus digne. La tradition n'est donc pas brisée. Voici en quels termes un penseur, sir John Davies[1], construit, au commencement du XVIIe siècle, la théorie de la *tanistry* (je rapproche le français de Davies du français moderne et j'abrège). Davies vient de prouver que cette coutume est ancienne et immémoriale; il poursuit : « Si, de plus, elle est raisonnable, elle aura toutes les qualités qui font une bonne coutume. Or cette coutume, qui donne la terre au plus aîné et plus digne homme du sang et nom de celui qui mourut saisi, est raisonnable en ce royaume, car celui-là peut mieux travailler la terre et la défendre qu'un enfant ou une femme... Et si cètte coutume n'est pas caduque par manque de raison, elle n'est pas non plus caduque par manque de certitude : car la terre descendra au plus aîné et plus digne. Le plus aîné peut être connu avec certitude, mais le plus digne semble être incertain; car qui sera juge de ce? Certes, ce sera la loi qui est toute faite, certaine et in-

[1] Sir John Davies, *Le case de tanistry*, dans *Les reports des cases et matiers en ley resolves et adjugés en les courts del roy en Ireland*, London, 1674, fol. 29 v° à 42 r°.

faillible en son jugement, et la loi dira que le plus aîné est le plus digne. »

Sous ces fictions juridiques nous retrouvons sans effort un système de *tanistry*, suivant lequel l'héritage du défunt passe, non à ses enfants, mais à l'aîné de la famille; et, en même temps, nous apercevons clairement l'origine et le développement de cette institution. La règle de l'âge s'est, avec le temps, isolée et nettement dégagée.

Les textes gallois parlent du plus âgé. Mais cette notion de l'âge n'avait pas acquis, dans le pays de Galles, au temps des coutumes et des témoignages divers qui nous sont parvenus, la fixité et la rigidité qui, au commencement des temps modernes, servaient à sir John Davies à défendre et à justifier la *tanistry* irlandaise. La *gens* galloise doit choisir pour son chef et protecteur le plus âgé, pourvu qu'à cette condition de l'âge l'élu joigne la considération personnelle et les diverses qualités désirables, pourvu aussi qu'il soit maître de maison[1]. Ainsi l'âge est mis en relief; mais il ne sert pas seul à déterminer le choix du chef.

Ce premier aperçu du développement de l'institution en Irlande et ce coup d'œil rapide sur le droit gallois nous aide-

[1] Voici la traduction anglaise des textes gallois : « A chief of kindred is to be the oldest efficient man in the kindred to the ninth descent.

« Three things, if possessed by a man, make him fit to be a chief of kindred: that he should speak on behalf of his kin, and be listened to; that he should fight on behalf of his kin, and be feared; and that he should be security on behalf of his kin, and be accepted.

« Three indispensables of a chief of kindred: being an efficient man; being the eldest of the efficient men of his kindred unto the end of the ninth descent, and being the chief of a household, or a man with a wife and children by legitimate marriage; and every one of the kindred is to be a man and a kin to him; and his word is paramount to the word of every one of the kindred. » (*Llyma Ereill o drioedd Dyvnwal Moelmud*, 88, 163, 165; *Welsh Laws*, liv. XIII, chap. II, dans Aneurin Owen, *Ancient laws and institutes of Wales*, 1841, p. 652, 653, 662, 663.) Cf. Walter, *Das alte Wales*, Bonn, 1859, p. 133.

ront peut-être à mieux comprendre l'histoire de notre institution dans les autres pays.

Voici en quels termes Strabon décrit l'organisation sociale et politique des Arabes : « Les frères passent toujours avant les enfants; le droit de primogéniture[1] règle la succession au trône et aussi la transmission des autres magistratures. La communauté de biens existe entre tous les membres d'une même famille. Le chef est le plus âgé de la famille[2]. »

Le témoignage de Strabon est d'une netteté peut-être exagérée. Cette réflexion m'est inspirée par les travaux d'un savant moderne qui a décrit avec une grande exactitude l'état de l'Arabie à l'époque de Mahomet. Il semble que Strabon ait voulu dans ce court passage résumer et systématiser une situation générale un peu confuse. En effet, l'historien auquel je viens de faire allusion, M. de Kremer[3], s'exprime ainsi : « Aucune succession régulière. L'âge et le crédit personnel déterminaient les électeurs. » Cependant le même auteur est amené, lui aussi, à attacher à l'âge une importance toute spéciale. La considération de l'âge reste à ses yeux le point de vue le plus ordinaire et, si je ne me trompe, le point de vue constitutionnel et légal[4]. Aujourd'hui encore, dans la majeure partie des pays

[1] Le grec dit mieux : *πρεσβυγένειαν*. Le mot français *primogéniture* n'est guère satisfaisant. Le lecteur entendra comme moi : *tanistry*.

[2] Ἀδελφοὶ τιμιώτεροι τῶν τέκνων· κατὰ πρεσβυγένειαν καὶ βασιλεύουσιν οἱ ἐκ τοῦ γένους καὶ ἄλλας ἀρχὰς ἄρχουσι· κοινὴ κτῆσις ἅπασι τοῖς συγγενέσι, κύριος δὲ ὁ πρεσβύτατος. (Strabon, XVI, 25.)

[3] A. v. Kremer, *Geschichte der herrschenden Ideen des Islams*, 1868, p. 310, 311. Ne serait-il pas utile de revoir les listes de chefs arabes, en se préoccupant de ces successions collatérales? Il me paraît, d'ailleurs, à peu près certain que ces listes, même revues, nous fourniraient un assez grand nombre d'exemples de successions directes. Cf. Caussin de Perceval, *Essai sur l'hist. des Arabes avant l'Islamisme*, t. Ier, p. 136 et suiv., 247 et suiv.; t. II, p. 211-212.

[4] A. v. Kremer, *ibid.*, p. 407-410.

IMPRIMERIE NATIONALE.

arabes, le chef de tribu, *cheikh* ou *émir*, est toujours le membre le plus âgé de toute la famille.

La succession collatérale a joué un rôle important dans l'histoire du Califat. Sur les dix-huit premiers califes, quatre seulement ont eu leur fils pour successeur. On sait enfin que, de nos jours, la succession du sultan est dévolue au prince le plus âgé, c'est-à-dire à un collatéral et non à un descendant du défunt. Ce régime n'a été définitivement établi que depuis Ahmed Ier (1603-1617)[1].

La *tanistry* apparaît très fréquemment dans le monde slave. On sait quelle fut son importance à Kiev au moyen âge. Iaroslav (mort en 1054) voulut que ses fils régnassent ensemble sous le principat de l'aîné, et, à partir de ce moment, le plus âgé de la famille obtint de droit cette suzeraineté. Ce système n'exerça pas à Kiev un empire absolu et sans partage, mais il eut une action considérable. On vit même un prince refuser, à la mort de son père, le trône que le peuple lui offrait, contrairement au principe constitutionnel de la *tanistry*[2].

Chez les Slaves du Sud en général, la *tanistry* ne s'est jamais systématisée d'une manière rigoureuse et absolue. M. Demelić a tracé du gouvernement de la famille dans toute cette région le tableau suivant :

« Le chef (*domac'in*) est ordinairement élu par la communauté. On le choisit parmi les membres âgés et mariés. Cette règle a pourtant beaucoup d'exceptions. Malgré la haute estime du Serbe pour l'âge mûr, on nomme souvent des hommes jeunes

[1] Il est, on le voit, de date assez récente en Turquie. Cf. d'Ohsson, *Tableau général de l'empire ottoman*, t. Ier, 1788, p. 284-287.

[2] Voyez ici Strahl, *Geschichte des Russischen Staates*, Hamburg, 1839, t. II, p. 135; t. Ier, 1832, p. 204 et *passim*; Ilovaisky, *Histoire de Russie* (en russe), Moscou, 1876-1884, 2 vol. Je dois à M. Valdemar Hrabar une analyse de cet ouvrage, en ce qui concerne la succession des princes de Kiev.

dont le caractère énergique et honnête, les talents et la volonté ferme sont connus et éprouvés. Il arrive parfois que le *domac'in* lui-même, sentant diminuer ses forces sous le poids des années, renonce à ses pouvoirs en faveur du plus vaillant et du plus digne de ses fils. Les autres membres de la communauté doivent consentir à ce changement. Dans le Monténégro et l'Herzégovine, il arrive souvent que le frère aîné du chef de la famille lui succède après sa mort. A défaut de frère, le fils aîné remplace son père dans cette dignité. Lorsque ce frère ou fils aîné est lui-même trop vieux ou incapable de gérer les affaires par suite d'infirmités, son frère cadet peut devenir chef de famille. Mais, outre le consentement des autres associés, il doit obtenir la bénédiction solennelle de son frère aîné.

« Les Serbes ont une grande estime pour l'âge. Sans l'obéissance aux vieillards, point de salut. C'est là une de leurs maximes. Mais si l'âge est la tête, la jeunesse est la force. Lorsqu'un vieillard brisé par l'âge n'est plus en état d'administrer la communauté, elle pourra être régie par un jeune homme; mais la représentation extérieure de la maison restera toujours à celui qui possède la dignité de chef : il gardera la présidence dans tous les actes solennels et religieux.

« Ce sont les qualités personnelles qui décident de l'élection du chef. Voilà pourquoi on peut élire une femme à cette dignité, et même il ne serait pas absolument impossible qu'une fille eût la présidence de la maison, à la condition qu'il n'y eût pas d'hommes adultes dans la communauté... Dans l'Herzégovine, la femme n'est jamais appelée *domac'in;* elle ne prend pas ce titre, mais elle le donne à son fils aîné, fût-il encore au berceau[1]. »

[1] Demelić, *Le droit coutumier des Slaves méridionaux*, dans *Revue de législation ancienne et moderne*, 1876, p. 284, 285. Joignez Friedr. S. Krauss, *Sitte und Brauch*

Au XIIe siècle, en Pologne, Boleslas III établit pour l'avenir le régime de la *tanistry*, en ce sens du moins que le plus âgé de la famille devait recevoir le duché de Cracovie et être le suzerain des autres princes[1]. Ce Boleslas fit remonter à lui-même et à ses seuls descendants l'empire légal de la *tanistry*, en sorte que le premier bénéficiaire fut tout simplement l'aîné de ses enfants. Ce trait est commun à Boleslas, à Iaroslav, grand prince de Kiev et à d'autres personnages dont nous parlerons plus loin : je songe notamment au Vandale Genséric. Un père veut assurer l'unité et la force de son empire. Il conçoit un régime qui éliminera les enfants au profit des collatéraux, mais il entend toujours que ce système ne fonctionnera pas du premier coup au profit de ses collatéraux à lui contre ses propres enfants. Le législateur promulgue théoriquement cette rigueur anti-paternelle; il l'impose pour l'avenir; mais lui, il ne cesse point d'être père; il laisse à ses fils l'ordre de sacrifier leurs enfants; il ne sacrifie pas les siens.

L'acte du roi Boleslas n'exerça pas une influence décisive sur le régine successoral en Pologne. Une tentative analogue eut lieu dans le royaume de Bohême. Elle est due à Bretislas Ier, mort en 1055[2].

Chez les Hongrois, la *tanistry* a pris une importance politique qui n'a pas échappé à la perspicacité de l'historien grec Cin-

der Südslaven, Wien, 1885, p. 79, 96, 577, 581 et *passim*. Les recherches si importantes de M. Bogišić (*Recueil des coutumes actuelles des Slaves méridionaux*, Agram, 1874, en croate) constituent la source principale de l'œuvre du docteur Krauss (voir p. XXII).

[1] *Chron.* magistri Vincentii Kadlubconis, dans *Mon. Pol. Hist.*, t. II, p. 363, 365, 378, 431. *Chronicon Polonorum*, *ibid.*, t. III, p. 629. Acte d'Innocent III de l'an 1210, dans *Codex dipl. Minoris Poloniæ*, n° 6. Je dois ces renseignements sur la Pologne à une obligeante communication de M. Blumenstock.

[2] Jireček, *Codex juris Bohemici*, t. Ier, p. 17, n° 9. Cf. Palacky, *Geschichte von Böhmen*, t. Ier, Prague, 1844, p. 290-292.

name (fin du xiie siècle). Il se produisit au moyen âge, en Hongrie, un phénomène analogue à celui que nous observerons chez les Vandales, chez les Ottomans, et ailleurs encore. Un roi hongrois, père de famille, cherchait à violer la loi, car à la loi il préférait ses enfants. Il faisait arracher les yeux à son frère pour le rendre inhabile à régner et assurer ainsi la succession à son fils[1]. Au contraire, un roi hongrois, sans enfants, vivait en bonne intelligence avec son frère et futur héritier. C'est à Cinname[2] que nous devons ces observations judicieuses. Rois vandales ou rois francs, empereurs hongrois ou

[1] Coloman, roi de Hongrie (1095-1114) fit arracher les yeux à son frère Almus et à son neveu Béla, fils d'Almus. Il parvint à assurer le trône à son fils Étienne II, (1114-1131), lequel fut élu à l'âge de huit ans.

[2] *Νόμος γὰρ οὗτος παρὰ τοῖς Οὔννοις ἐστὶν ἐπὶ τοὺς περιόντας ἀεὶ τῶν ἀδελφῶν τὸ στέφος διαβαίνειν.* (Cinname, V, 1, édit. Meineke, p. 203.) *Ἔθος γὰρ Οὔννοις ἐστί, τοῦ ἐν σφίσιν ἄρχοντος ἐπὶ παισὶ τετελευτηκότος, ἕως μὲν ὁ τὴν ἡγεμονίαν ἐκ τούτων παραλαβὼν ἄρρενος οὐκ εἴη πατὴρ παιδός, ξυνεῖναί τε ἀλλήλοις τοὺς ἀδελφοὺς καὶ τῆς παρ' ἀλλήλων τυγχάνειν εὐνοίας, ἐπειδὰν δὲ ἤδη παῖς αὐτῷ γένηται, οὐκέτι ἄλλως τὴν ἐπὶ τῆς χώρας ξυγχωρεῖν αὐτοῖς διατριβὴν ἀλλ' ἢ τὰς ὄψεις ἐκκεντηθεῖσιν.* (Cinname, I, 4, *ibid.*, p. 9.) Cf. Büdinger, *Ein Buch Ungarischer Geschichte*, p. 97. — D'après Cinname, Étienne III, qui succéda, en 1161, à son père Géisa, était un usurpateur. Ladislas, frère de Géisa, allié de l'empereur Manuel, était l'héritier légitime, ou plus exactement, il était avec son frère l'un des deux héritiers légitimes. Il réussit à supplanter Étienne III (1171-1172). Son frère (qui était l'ainé) reçut, en même temps, le titre de *wrum* ou héritier présomptif. *Βούλεται δὲ τοῦτο παρὰ Οὔννοις τὸν τὴν ἀρχὴν διαδεξόμενον ἑρμηνεύειν τὸ ὄνομα.* De même, suivant une opinion qui semble avoir eu une grande importance, Béla III (1174-1196), qui succéda à son frère Étienne III, en excluant un enfant issu de ce roi Étienne, était évidemment le successeur légitime. A cette époque, en Hongrie, le roi ne monte sur le trône qu'en vertu d'une élection, mais les électeurs doivent s'inspirer des règles constitutionnelles. — On se tromperait étrangement si on ne voyait dans les paroles de Cinname que le désir de justifier la politique de l'empereur de Constantinople. Le lecteur qui désirerait assister de près à la lutte du principe de la *tanistry* et du principe contraire de la succession en ligne directe n'a qu'à jeter un coup d'œil sur une liste des rois de Hongrie. Rapprochez pour l'histoire, en grande partie légendaire, des anciens Huns, Jordanès, *De Getarum sive Gothorum origine*, 35, 49, édit. Closs, p. 128, 171.

rois ottomans, ont, comme nous le verrons, plus d'un trait de ressemblance. Ils se ressemblent, parce que toujours la nature humaine se ressemble à elle-même et qu'en tous pays la *tanistry* se trouve en opposition avec l'amour et l'ambition paternels.

La *tanistry* a joué un rôle dans l'organisation sociale d'un grand nombre de peuples. Ce régime successoral se retrouve chez les Ibères[1], au Mexique[2], dans la région du Rio-Nuñez[3], à Quoja[4], dans les îles Samoa[5], etc.

J'en aperçois dans le monde grec et chez les Macédoniens des traces remarquables. Je m'y arrêterai quelques instants, tout en priant le lecteur de ne pas forcer ici ma pensée et de ne point me prêter des exagérations qui sont loin de mon esprit.

A Halicarnasse, les prêtres de Poseidon se succédaient de frère à frère et non de père à fils. A la mort du dernier frère, le sacerdoce était dévolu au neveu du prêtre décédé. Ces faits nous sont révélés par une assez longue liste des prêtres de Poseidon, publiée dans le recueil de Boeckh. Boeckh et, après lui,

[1] *Τέτταρα δὲ καὶ γένη τῶν ἀνθρώπων οἰκεῖ τὴν χώραν· ἓν μὲν καὶ πρῶτον, ἐξ οὗ τοὺς βασιλέας καθιστᾶσι, κατ' ἀγχιστείαν τε καὶ ἡλικίαν τὸν πρεσβύτατον.* Même régime dans les communautés de famille : *Κοιναὶ δ' εἰσὶν αὐτοῖς αἱ κτήσεις κατὰ συγγένειαν, ἄρχει δὲ καὶ ταμιεύει ἑκάστην ὁ πρεσβύτατος.* (Strabon, XI, III, 6, édit. Müller, t. Ier, p. 429.) En l'an 206 avant J.-C., il y avait chez une peuplade que M. d'Arbois de Jubainville croit être celtibérienne, des contestations au sujet de la *tanistry*. Un chef étant venu à mourir, son fils et son neveu se disputèrent la succession. On eut recours, pour régler le différend, au duel (Tite-Live, XXVIII, 21). Cf. d'Arbois de Jubainville, dans *Nouvelle revue hist.*, 13e année, p. 729-732.

[2] Juan de Torquemada, *Los veinte i un libros rituales i monarchia indiana*, t. II, p. 358. Clavigero, *Storia antica del Messico*, Cesena, 1780, t. Ier, p. 186, 187.

[3] Voyez des détails sur la succession de Youra Towel, roi des Nalous, dans *Le Courrier du Centre* du 1er septembre 1885.

[4] Post, *Afrik. Jurisprudenz*, p. 20. Cf. p. 19.

[5] Blin, *Voyage en Océanie*, Le Mans, 1881, p. 252. M. Blin a soin d'expliquer que cet usage existe « dans les familles privilégiées où l'on choisit les chefs ».

M. Reinach ont vu cet ordre successoral se dégager clairement des indications fournies par cette précieuse liste[1]. Je l'ai étudiée à mon tour et je l'ai comprise comme mes prédécesseurs. Elle défie, je crois pouvoir le dire, toute autre interprétation.

La succession d'Alexandre donna ouverture à l'exercice du droit de *tanistry*. Le débat qui eut lieu à cette occasion ne me paraît pas avoir suffisamment attiré l'attention des historiens du droit public. A la mort du conquérant qui laissait un fils vivant et sa femme enceinte, une partie de l'armée grecque, l'infanterie, proclama un frère d'Alexandre, Arrhidée. Cet Arrhidée, frère bâtard, était préféré par les soldats à un fils bâtard et au fils légitime à naître. Mais les cavaliers macédoniens avaient pris une autre résolution. On transigea : les cavaliers reconnurent Arrhidée; en retour, l'infanterie accorda que, si la reine Roxane donnait le jour à un fils, ce fils serait également roi. Voilà une application bien remarquable de la *tanistry,* d'autant plus remarquable qu'Arrhidée était simple d'esprit, sans nul prestige personnel et que, d'après Quinte-Curce, le sentiment du droit joua, dans cette affaire, un grand rôle. En effet, cet historien met ici dans la bouche d'un homme du commun un énergique plaidoyer en faveur des droits de ce frère qui est, suivant l'orateur, l'héritier légitime. Il faut lire tout le récit de Quinte-Curce, mais voici les passages les plus significatifs : « Cur etiam gentium communi jure fraudetur? Si Alexandro similem quæritis, nunquam reperietis; si proximum, hic solus est. Non alium se quam eum qui ad hanc spem genitus esset regnare passuros[2]. » Le récit de Quinte-Curce, alors même qu'il serait légendaire soit dans l'ensemble, soit par quelques

[1] Boeckh, *Corpus inscript. græc.*, n° 2255. Cf. Reinach, *Traité d'épigraphie grecque*, p. 101.

[2] Quinte Curce, X, 7. Cf. Justin, XIII, 2, 3, 4; Julius Valerius, III, 90; Arrien, III, 26, 27 (édit. Müller, p. 201, 202);

détails, a pour nous un puissant intérêt, une haute valeur : il nous révèle l'existence d'un courant d'opinion favorable à la succession collatérale.

La solution préférée par l'infanterie d'Alexandre n'était pas une nouveauté dans l'histoire de la dynastie macédonienne, car Philippe II, père d'Alexandre, avait succédé à son frère Perdiccas III, bien que celui-ci eût laissé un fils[1]. Le système de la *tanistry* avait donc été déjà appliqué en 359 ; l'avocat d'Arrhidée était, jusqu'à un certain point, dans le sentiment historique et dans la tradition macédonienne.

En Épire, l'histoire de la famille royale qui gouvernait les Molosses nous offre aussi une application remarquable de la *tanistry*[2].

Ces faits qui appartiennent à l'histoire politique ne sont-ils pas en harmonie avec un passage d'Aristote sur les royautés familiales? « Dans la famille, écrit ce philosophe, le plus âgé gouverne. Il en est de même, à cause de la parenté, dans les groupes issus de la famille[3]. » (J'emploie le mot *famille*. Le mot

Diodore, XVII, 117 (édit. Müller, t. II, p. 213); Clinton, *Fasti hellenici*, t. III, 1830, p. 302 et suiv. Sur la valeur historique de Quinte-Curce, lire Dosson, *Étude sur Quinte-Curce*, Paris, 1887.

[1] « Frater quoque ejus Perdiccas pari insidiarum fraude decipitur. Indignum prorsus, libidinis causa liberos a matre vita privatos, quam scelerum suorum suppliciis liberorum contemplatio vindicaverat. Perdiccæ hoc indignior cædes videbatur, quod ei apud matrem misericordiam nec parvulus quidem filius conciliaverat. Itaque Philippus diu non regem, sed tutorem pupilli egit. At ubi graviora bella imminebant, serumque auxilium in exspectatione infantis erat, compulsus a populo regnum suscepit. » (Justin, VII, 5.) Cf. Droysen, *Hist. de l'Hellénisme*, trad. Bouché-Leclercq, t. III, p. 645; t. Ier, p. 101.

[2] Je songe aux règnes des deux frères Æacide (père de Pyrrhus) et Alcétas, tous deux fils d'Arybbas (Pausanias, I, XI, 5). Cf. Droysen, *Hist. de l'Hellénisme*, trad. Bouché-Leclercq, t. II, p. 339; t. III, p. 646.

[3] *Πᾶσα γὰρ οἰκία βασιλεύεται ὑπὸ τοῦ πρεσβυτάτου, ὥστε καὶ αἱ ἀποικίαι διὰ τὴν συγγένειαν.* (Aristote, *Politique*, I, I, 7, édit. Didot, t. Ier, p. 483.) Qu'est-ce que le *πρεσβύτατος*? Avec l'*οἰκία* primitive, ce sera soit le père de famille, soit l'aîné des frères; avec un groupe plus large (*ἀποικία*), ce sera le doyen d'âge de

grec répond matériellement à *habitation, maison.*) C'est à ce chef de la famille ou de la *gens* que Platon, cherchant à reconstruire les origines sociales, fait allusion par ces mots : *τὸ πρεσβύτατον ἄρχει*[1]. Πρεσβύτατος, c'est ou l'aîné des frères lequel

toute cette parenté. Ἀποικία et *κώμη* sont à peu près synonymes dans la pensée d'Aristote : *μάλιστα δὲ κατὰ φύσιν ἔοικεν ἡ κώμη ἀποικία οἰκίας εἶναι.* De ces *ἀποικίαι* dérivées de l'*οἰκία* dont parle Aristote rapprochez les hameaux ou colonies danoises dérivées du village et relevant de ce village primitif comme d'une métropole (Dareste, *Études d'histoire du droit*, p. 312, 313). Les choses ont dû se passer à peu près de même en Grèce et en Danemark. — Rapprochez de l'expression *ἀποικία* d'Aristote le mot *κατοικία* qui paraît synonyme de *κώμη*, *vicus*, et désigne une bourgade subordonnée à une cité à laquelle elle paie des impôts et dont elle accepte la juridiction. (S. Reinach, *Inscript. inédites recueillies par le capitaine Callier*, p. 4, 5. Extrait de la *Revue des études grecques*, 1890.) — Le passage d'Aristote que je viens de citer est inspiré du texte de Platon invoqué dans la note suivante.

[1] Ναί· *ξυμμαρτυρεῖ γὰρ, καὶ λάβωμέν γε αὐτὸν μηνυτὴν, ὅτι τοιαῦται πολιτεῖαι γίγνονταί ποτε.* — Καλῶς. — *Μῶν οὖν οὐκ ἐκ τούτων τῶν κατὰ μίαν οἴκησιν καὶ κατὰ γένος διεσπαρμένων ὑπὸ ἀπορίας τῆς ἐν ταῖς φθοραῖς, ἐν αἷς τὸ πρεσβύτατον ἄρχει διὰ τὸ τὴν ἀρχὴν αὐτοῖς ἐκ πατρὸς καὶ μητρὸς γεγονέναι, οἷς ἑπόμενοι καθάπερ ὄρνιθες ἀγέλην μίαν ποιήσουσι, πατρονομούμενοι καὶ βασιλείαν πασῶν δικαιοτάτην βασιλευόμενοι;* — Πάνυ μὲν οὖν. — *Μετὰ δὲ ταῦτά γε εἰς τὸ κοινὸν μείζους ποιοῦντες πόλεις πλείους συνέρχονταί καὶ ἐπὶ γεωργίας τὰς ἐν ταῖς ὑπωρείαις τρέπονται πρώτας περιβόλους τε αἱμασιώδεις τινὰς, τειχῶν ἐρύματα, τῶν θηρίων ἕνεκα ποιοῦνται, μίαν οἰκίαν αὖ κοινὴν καὶ μεγάλην ἀποτελοῦντες... τῶν οἰκήσεων τούτων μειζόνων αὐξανομένων ἐκ τῶν ἐλαττόνων καὶ πρώτων ἑκάστην τῶν σμικρῶν παρεῖναι κατὰ γένος ἔχουσαν τόν τε πρεσβύτατον ἄρχοντα καὶ αὐτῆς ἔθη ἄττα ἴδια διὰ τὸ χωρὶς ἀλλήλων οἰκεῖν, ἕτερα ἀφ' ἑτέρων ὄντων τῶν γεννητόρων τε καὶ θρεψάντων, ἃ εἰθίσθησαν περὶ θεούς τε καὶ ἑαυτοὺς, κοσμιωτέρων μὲν κοσμιώτερα καὶ ἀνδρικῶν ἀνδρικώτερα... Τὸ γοῦν μετὰ ταῦτα ἀναγκαῖον αἱρεῖσθαι τοὺς συνελθόντας τούτους κοινούς τινας ἑαυτῶν, οἳ δὴ τὰ πάντων ἰδόντες νόμιμα, τά σφισιν ἀρέσκοντα αὐτῶν μάλιστα εἰς τὸ κοινὸν τοῖς ἡγεμόσι καὶ ἀγαγοῦσι τοὺς δήμους οἷον βασιλεῦσι φανερὰ δείξαντες ἑλέσθαι τε δόντες, αὐτοὶ μὲν νομοθέται κληθήσονται.* (Platon, *Les lois*, III, p. 679-682; édit. Schneider, t. II, p. 301, 302.) — Aristote et Platon parlent toujours du plus âgé et non du frère aîné. Cette expression préférée ne prouve-t-elle pas qu'il s'agit du plus âgé, quel qu'il soit, en d'autres termes, de la *tanistry* et non pas seulement de l'aînesse qui n'est qu'une *tanistry* restreinte à la famille la plus réduite? Toutefois le point de départ de la reconstruction historique ébauchée par Platon et par Aristote est un passage bien connu d'Homère où il n'est question que d'une famille simple, gouvernée par le père (*Odyssée*, IX, 114, 115).

gouverne une famille simple, restée sans chef à la mort du père, ou le doyen d'âge d'une large *gens*, composée de nombreux parents. Les fonctions de ce doyen, de ce *πρεσϐύτατος*, sont désignées par le verbe *ἄρχειν*; ses sujets sont dits soumis à un roi, *βασιλευόμενοι*. Ne serait-il pas lui-même identique au *φυλοϐασιλεύς* de chacune des anciennes *φυλή* athéniennes[1]?

Je n'ai pas besoin d'ajouter qu'une foule de textes s'opposent, en ce qui concerne les Grecs, à ce que nous songions un moment à présenter la *tanistry* comme la loi généralement adoptée pour les successions royales. J'ai voulu seulement faire voir que, chez les Grecs comme chez beaucoup d'autres peuples, cette conception a joué un certain rôle. Le mystérieux gouvernement de la *φυλή* ou de la *gens* primitive semble avoir été souvent confié au plus âgé de la famille: telle est, du moins, l'hypothèse que suggère la lecture d'Aristote et de Platon. La généalogie des grands prêtres de Poseidon qui devaient être en même temps des chefs de *φυλή* ou de *gens*, ne confirme-t-elle pas ces vues[2]? Quant à l'histoire politique proprement dite,

[1] *Φυλαὶ δὲ ἦσαν τέσσαρες, καθάπερ πρότερον καὶ φυλοϐασιλεῖς τέσσαρες.* (Photius, *Lexikon*, v° Ναυκραρία, édit. Naber, t. Ier, 1864, p. 438.) Cf. Hesych., v° Φυλοϐασιλεῖς, édit. Schmidt, Ienæ, 1863, t. IV, p. 262; Poll., VIII, 111, édit. Dindorf, t. II, 1824, p. 144, 145, avec les notes au tome V, pars 1, p. 761. Le vieux titre de *φυλοϐασιλεύς* s'est conservé comme un débris, comme un témoin du passé, jusqu'à une époque relativement récente. Tout indique que ce titre était devenu, en dernier lieu, purement honorifique. Voyez : *Bulletin de correspondance hellénique*, t. III, p. 70, 71, t. V, p. 64; *Corpus inscriptionum atticarum*, t. II, n° 844, p. 324, 1re col.; Hauvette-Besnault, *De archonte rege*, p. 8, 10.

[2] J'invoque, à l'appui de cette manière de voir, entre autres textes, les suivants : *Οἱ φυλοϐασιλεῖς, ἐξ Εὐπατριδῶν δὲ ὄντες, μάλιστα τῶν ἱερῶν ἐπεμελοῦντο* (Pollux, VIII, 111); *φυλ[λ]οϐασιλεῖς· ἐκ τῶν φυλ[λ]ῶν αἱρετοί, οἱ τὰς θυσίας ἐπιτελοῦντες* (Hesychius, édit. Schmidt, Ienæ, t. IV, 1863, p. 262). Cf. Reinach, *Traité d'épigraphie grecque*, p. 102.

elle ne nous offre qu'en Macédoine et en Épire quelques faits, quelques traits en fort petit nombre, rappelant ce droit du plus âgé.

Il est inutile d'ajouter qu'en parlant du *γένος* ou de la *φυλή* je n'ai songé qu'au gouvernement de ce petit état-famille et non pas à la succession à la fortune privée et à la division du patrimoine. Ce sont là deux idées qu'on peut concevoir comme parfaitement distinctes.

Il est temps d'arriver aux nations d'origine germanique. Dans ce groupe, ce sont les Vandales et leur roi Genséric qui appellent tout d'abord mon attention. Genséric, voulant assurer après lui la stabilité de son empire, éviter les luttes entre ses successeurs, établit comme loi successorale de sa famille la *tanistry*. Il ordonna que le royaume des Vandales appartiendrait toujours à l'aîné de ses descendants vivants, dans la ligne masculine[1]. Si j'en crois Jordanès, cette mesure produisit d'excellents résultats; mais je ne me propose pas d'étudier ici l'histoire des successeurs de Genséric dont j'aurai à dire un peu plus loin quelques mots. Qu'il me suffise pour l'instant d'avoir relevé cette décision bien connue du grand conquérant barbare. Il est certain, d'ailleurs, que son éphémère empire ne fut point, comme celui des Francs, soumis à des partages répétés et jeta encore après lui quelque éclat.

Chez les Anglo-Saxons la durée et la consolidation de l'unité monarchique fondée par Egbert (800-837) sont dues au régime de la *tanistry*, qui s'organisa entre les quatre fils

[1] Διαθήκας διαθέμενος, ἐν αἷς ἄλλα τε πολλὰ Βανδίλοις· ἐπέσκηψε καὶ τὴν βασιλείαν ἀεὶ Βανδίλων ἐς τοῦτον ἰέναι ὃς ἂν ἐκ γόνου ἄρρενος αὐτῷ Γιζερίχῳ κατὰ γένος προσήκων πρῶτος ὢν ἁπάντων τῶν αὐτοῦ ξυγγενῶν τὴν ἡλικίαν τύχοι. (Procope, *De bello vandalico*, I, 7, édit. Dindorf, t. Ier, p. 344.) Cf. Jordanès, *De rebus geticis*, 10. Sur Genséric et ses successeurs, voyez notamment Clinton, *Fasti romani*, t. Ier, 1845, p. 688, 698; Dahn, *Die Könige der Germanen*, t. Ier, 1861, p. 228-233.

d'Ethelwolf, fils d'Egbert (837-858). On sait, en effet, que les quatre fils d'Ethelwolf, Ethelbald, Ethelbert, Ethelred Ier et Alfred le Grand se succédèrent de frère à frère (858-900), bien qu'Ethelbert et Ethelred Ier eussent laissé des enfants[1]. Un peu plus tard, Edmond Ier étant mort (946) en laissant deux fils mineurs, c'est son frère Edred qui lui succéda[2].

Le paragraphe suivant consacré à la France complétera l'étude de la *tanistry* dans le monde germanique.

II. La *tanistry* en France.

Des traces remarquables de *tanistry* vont ici s'offrir à notre examen pendant la période mérovingienne. Plus tard nous constaterons — c'est un point sur lequel j'insisterai tout à l'heure — que le triomphe de la *tanistry* a seul permis aux premiers Carolingiens de fonder une puissante unité territoriale et, par conséquent, a rendu possible le rétablissement par les Barbares de l'empire romain d'Occident.

Je prie le lecteur de ne pas se méprendre ici sur ma pensée et de ne pas me prêter des exagérations qui la dénatureraient

[1] Le royaume d'Ethelwolf fut tout d'abord divisé entre Ethelbald et Ethelbert. La mort d'Ethelbald rétablit l'unité. (Thorpe, *The anglo-saxon chronicle*, t. II, 1861, p. 58.) Il y a aussi des traces remarquables d'une quasi-indivision entre les fils d'Ethelwolf. Ainsi on nous raconte qu'Alfred avait été fait roi à Rome du vivant même de son père (*ibid.*, p. 57. Matthieu de Paris, *Chronica majora*, édit. Luard, t. Ier, p. 403). Ces traits mal connus font ressembler la *tanistry* anglo-saxonne à celle du capitulaire carolingien de 806 dont il sera question ci-après.

[2] Thorpe, *The anglo-saxon chronicle*, t. II, p. 90. Matthieu de Paris, *Chronica majora*, t. Ier, p. 456. Voici le texte de Matthieu de Paris : « Reliquit quoque duos filios hæredes legitimos, Eadwinum et Eadgarum qui, repugnante illegitima ætate, patri succedere non valebant. » — Il y a, dans le royaume de Mercie, un autre exemple de *tanistry* au VIIe siècle. Le roi Wolpher laissait un fils (675) : il eut pour successeur son frère Ethelred. Cf. Stubbs, *The const. history of England*, t. Ier, 1875, p. 142, note 1.

complètement. Si nous envisageons non pas certains détails, mais l'ensemble de l'histoire mérovingienne et carolingienne, nous constatons facilement qu'à cette époque le droit héréditaire est le droit dévolu aux descendants mâles et, à leur défaut, aux collatéraux mâles. Toutefois cette définition générale comprend des éléments divers qui n'ont pas tous acquis une force et une valeur égale. Elle n'est juste que par à peu près. Le régulier et le défini sortent lentement, comme on l'a dit, de l'irrégulier et de l'indéfini. Cette observation se vérifie d'une manière frappante dans l'histoire de la succession à la couronne. L'hérédité y est mêlée d'élection et le droit héréditaire lui-même n'est pas toujours entendu de la même manière. Sans doute, pendant les premiers siècles de la domination franque, le partage du royaume entre les enfants mâles fut le fait ordinaire; toutefois les oncles se substituaient volontiers à leurs neveux en bas âge, et ces entreprises n'avaient pas, si je comprends bien les mœurs de ce temps, le caractère absolument inique et odieux qu'elles auraient de nos jours. L'opinion publique n'était pas nettement hostile au système successoral que j'ai appelé *tanistry*. Ce système ne devait pas s'implanter définitivement chez nous, mais il y a joué un rôle qu'il ne faut pas méconnaître et même il a pris place un moment dans la législation carolingienne.

Certes le courant favorable à la succession directe fut, je le répète, très fort, très puissant à l'époque franque. Mais il ne faut pas que les faits nombreux qui dominent l'histoire nous cachent certains détails importants et nous empêchent d'apercevoir ce qui, dans l'opinion encore mal affermie, répondait à des conceptions toutes différentes[1].

[1] Dans le sens des idées que je développe ici, on trouvera déjà quelques indications chez Lehuërou, *Hist. des instit. carol.*, p. 102-107; chez Waitz, *Deutsche*

Ces détails trop peu remarqués forment l'objet de la présente étude. Le premier qui se présente à nous dans l'ordre chronologique ne paraîtra pas tout d'abord parfaitement net. Nous ajouterons donc aux faits relatés par Grégoire de Tours qui est ici notre première autorité un commentaire. Ce commentaire, nous le croyons non seulement légitime, mais nécessaire à la saine interprétation du texte de l'évêque de Tours. On connaît les assassinats commis par Clovis sur les princes de son sang. On sait que le désir d'exterminer sa famille entière fut, suivant les récits populaires recueillis par le véridique historien de cette période, le dernier et le suprême souci du conquérant. Voici les propres paroles de Grégoire de Tours : « Interfectisque et aliis multis regibus vel parentibus suis primis, de quibus zelum habebat ne ei regnum auferrent, regnum suum per totas Gallias dilatavit. Tamen, congregatis suis quadam vice, dixisse fertur de parentibus, quos ipse perdiderat : Væ mihi qui tanquam peregrinus inter extraneus remansi et non habeo de parentibus [meis], qui mihi, si venerit adversitas, possit aliquid adjuvare. Sed hoc non de morte horum condolens, sed

Verfassungsgeschichte, t. III, 1re édit., 1860, p. 93, 336; 2e édit., p. 275 et suiv. — Lehuërou n'a pas méconnu le rôle des oncles et il a écrit, à ce sujet, quelques lignes fort remarquables; mais il rattache ces prétentions des oncles à l'absence du droit de représentation, ce qui est inexact. Waitz se préoccupe du rôle des oncles à l'époque carolingienne : « Das erbliche Recht der Familie ging übrigens so weit, dass alle mannlichen Nachkommen eines Königs einen Antheil an der Herrschaft hätten begehren können. Starb von mehreren zugleich regierenden Brüdern einer, so war das Recht der anderen zur Nachfolge ein ebenso nahes wie das der Söhne. » Ceci est dit à l'occasion des premiers Carolingiens. J'ai été surpris de ne pas voir cette question abordée dans une dissertation spéciale de von Pflugk-Harttung intitulée : *Zur Thronfolge in den germanischen Stammestaaten* (*Zeitschrift der Savigny-Stiftung für Rechtsgeschichte*, t. XI, 1re livr., *Germ. Abtheil.*, 1890, p. 177-205). Joignez un travail antérieur du même auteur : *Die Thronfolge im deutschen Reiche bis zur Mitte des elften Jahrhunderts*, dans *Forschungen zur deutschen Geschichte*, t. XVIII, p. 135 et suiv.

dolo dicebat, si forte potuisset adhuc aliquem repperire, ut interficeret. His ita transactis, apud Parisius obiit[1]. »

Avons-nous affaire ici à un fou altéré de sang qui tue pour tuer ou à un politique sauvage qui tue parce qu'il a des raisons de tuer? Les récits populaires que Grégoire nous laisse entrevoir et reproduit en partie faisaient évidemment de ce Clovis légendaire non pas un monstre et un insensé, mais un sauvage avisé, une sorte d'Ulysse barbare[2] dont les crimes médités avaient toujours une portée politique. Quel est donc le mobile de Clovis massacrant sa famille et cherchant, après coup, si quelque parent ignoré, inconnu, ne lui aurait pas échappé? La réponse est bien simple. Le roi se sent mourir et il va laisser quatre enfants, dont trois, les fils de Clotilde, sont fort jeunes[3]. Il craint que les princes de sa famille ne règnent après lui, au lieu et place de ses enfants, auxquels il veut assurer sa succession. L'amour, ou, si on veut, l'instinct paternel, fut donc, avec l'ambition et le désir d'étendre son royaume, l'un des mobiles qui armèrent ce roi assassin. Clovis tremble pour ses fils et c'est pour cela qu'il tue; il tremble, parce qu'il sait que les Francs n'ont pas accoutumé d'avoir pour rois des enfants. Mais, lui, il est victorieux; il est puissant et fort; il est féroce;

[1] Grégoire de Tours, *Hist. Francorum*, II, 42, 43, édit. Arndt et Krusch, t. Ier, p. 106. Remarquez que Clovis n'a pas tué seulement des rois, mais aussi ses proches parents : *vel parentibus suis primis; vel* a le sens de *et*.

[2] J'emprunte cette expression au très remarquable travail de M. Kurth publié dans la *Revue des questions historiques* du 1er octobre 1888, p. 385 et suiv. Joignez : Lecoy de la Marche, *De l'autorité de Grégoire de Tours; étude critique sur le texte de l'Histoire des Francs*, Paris, 1861; Monod, *Études critiques sur les sources de l'histoire mérovingienne*, 1re partie, *Introduction, Grégoire de Tours*, 1872.

[3] Cf. Grégoire de Tours, II, 28-30; III, 1. Thierry Ier n'était pas fils de Clotilde : celle-ci eut, avant Clodomir, un fils qui mourut presque immédiatement. Ce fils aîné de Clotilde et Clodomir vinrent au monde avant la conversion de Clovis, mais évidemment peu de temps avant cette conversion (496).

ses enfants régneront. Qu'on ne m'accuse pas de solliciter ici les textes trop ingénieusement. Frédégaire, qui, certes, ne songeait pas à rédiger un mémoire sur la *tanistry*, a lu Grégoire de Tours comme je le lis moi-même ; il l'a entendu comme moi. Voici en quels termes il résume l'*Historia Francorum* : « Studiose tractavit ut nullus de suis parentibus superesset nisi de suo semine qui regnaret [1]. » Je n'ai rien dit de plus. Ces quelques mots renferment toute ma thèse.

L'histoire des empereurs ottomans chez lesquels la lutte du principe de la succession directe avec le système de la *tanistry* a joué un rôle si important et si curieux, nous offre, au XVIe et au XVIIe siècle, plusieurs exemples de tueries [2] qui sont, à mes yeux, tout à fait analogues à celles dont Clovis se rendit coupable. Elles furent inspirées par le même mobile, c'est-à-dire par l'amour paternel tel que l'entend un Barbare. Ces princes ottomans voulaient, comme le roi franc, assurer le trône à leurs enfants. Mêmes préoccupations, mêmes passions et mêmes crimes chez les Vandales. Le roi Huneric qui, par suite du système successoral organisé par Genséric, ne devait pas légalement

[1] Frédégaire, III, 27 (édit. Krusch, p. 103). Sur la relation qui existe entre Grégoire de Tours et Frédégaire, voyez un excellent travail de M. Kurth dans *Revue des questions historiques*, 93e livraison, 25e année, p. 97.

[2] En 1574, Mourad III fait étrangler ses cinq frères, le jour même de son avènement au trône. En 1595, le fils de Mourad III succède à son père. — En 1595, Mohammed III fait étrangler ses dix-neuf frères et jeter à la mer dix concubines de son père qui étaient enceintes. En 1603, le fils de Mohammed III succède à son père. — En 1665, Mohammed IV donna l'ordre d'étrangler ses sept frères, « pour assurer, dit un historiographe, la couronne à son fils qui venait de naître ». Un fetva arrêta le bras des assassins et un frère de Mohammed IV lui succéda en 1687. — Sur ces faits de l'histoire ottomane je dois de précieux renseignements à mon savant confrère, M. Barbier de Meynard. Tous les massacres de parents collatéraux dont est remplie l'histoire ottomane ne pourraient pas s'expliquer de la même manière. Je m'attache seulement à quelques-unes de ces tueries dont le sens me paraît clair.

laisser le trône à son fils Childéric, massacra une partie de sa famille et se souilla de sang[1]. La raison de ces crimes est facile à démêler. Poussé par le même mobile que Clovis, par le même mobile que les empereurs ottomans, c'est-à-dire par un amour paternel aveugle et sauvage, Huneric voulait, contre les lois, faire de son fils son héritier. C'est pour atteindre ce but qu'il se faisait l'assassin de sa parenté.

Notre Clovis, se cherchant un parent inconnu pour le tuer, (si forte potuisset adhuc aliquem repperire ut interficeret), ressemble singulièrement au Vandale Huneric, aux empereurs ottomans Mourad III, Mohammed III et Mohammed IV.

Au reste, les craintes du premier roi chrétien n'étaient pas chimériques; car un certain Munderic, « qui se parentem regi adserebat », essaya de s'emparer de la succession. Thierry, c'est-à-dire le fils aîné, ne contesta pas carrément cette prétention et, bien que Munderic ne fût point et ne se prétendît point fils du défunt, le fils aîné de Clovis répondit : « Accede ad me et si tibi aliqua de dominatione regni nostri portio debetur, accipe. » Cette réponse, bien entendu, était une feinte, mais pour que cette feinte ait quelque chance de succès, il faut que la notion de l'hérédité directe ne soit pas solidement et invinciblement établie. A cette proposition de transaction Munderic fit cette fière réponse : « Ite, renuntiate rege vestro, quia rex sum sicut et ille[2]. » Grégoire de Tours nous a laissé la courte histoire de ce prétendant qui mourut les armes à la main.

Dans un empire dont le régime successoral n'est pas affermi

[1] Cf. Dahn, *Die Könige der Germanen*, t. Ier, p. 232.

[2] « Multa elatus superbia, ait : Quid mihi et Theudorico regi? Sic enim mihi solium regni debetur, ut ille. Egrediar et collegam populum meum atque exegam sacramentum ab eis, ut sciat Theudoricus, quia rex sum ego, sicut et ille. » (Grég. de Tours, *Historia Francorum*, III, 14, édit. Arndt et Krusch, t. Ier, p. 120.)

IMPRIMERIE NATIONALE.

par un long usage, un père massacre volontiers ses collatéraux pour assurer le trône à ses propres enfants. Mais les collatéraux eux-mêmes ne sont pas moins sanguinaires. C'est l'histoire bien connue des petits-fils de Clovis qui m'inspire cette réflexion. Les quatre fils de Clovis, Thierry Ier, Clodomir, Childebert et Clotaire se partagèrent le *regnum Francorum*. Clodomir, roi d'Orléans, fut tué en 524. Il laissait trois fils en bas âge. Ce que Clovis avait redouté pour ses propres enfants et avait conjuré par des crimes, se réalisa pour ses petits-fils. Les fils de Clodomir ne succédèrent pas à leur père. Leurs oncles, Childebert et Clotaire, intervinrent et s'attribuèrent à eux-mêmes la succession de Clodomir. C'est là un fait bien connu, mais généralement incompris. On a lu trop rapidement Grégoire de Tours : on n'a vu dans son récit que l'ambition grossière de deux rois qui dépouillent leurs neveux. Certes, l'ambition y est et on a raison de l'y voir, mais elle n'y est pas seule. Ouvrons l'*Histoire des Francs*. Le texte de l'évêque de Tours ne me rappelle nullement la règle qu'on formula plus tard en ces termes : « Le roi est mort, vive le roi ! » Clodomir mort, ses trois fils ne sont pas un moment rois du fait de cette mort[1]. Il y a seulement quelqu'un qui veut les faire rois, c'est leur aïeule Clotilde. « Notre mère, fait dire Childebert à son frère Clotaire, garde avec elle les fils de notre frère et veut *leur donner* (ou *leur faire donner*) *le royaume*[2]. Il faut que tu viennes prompte-

[1] Ceci n'a pas échappé à Montesquieu (*Esprit des lois*, liv. XVIII, chap. XXVII).

[2] « Et vult eos regno donari. » (Grég. de Tours, III, 18.) Joignez ces expressions qui prouvent bien que l'élévation des enfants à la dignité de roi n'est qu'un projet de leur grand'mère : « Videns Childebertus, quod mater sua filius Chlodomeris, quos supra memoravimus, unico affectu diligeret, invidia ductus ac metuens ne favente regina admitterentur in regno... » (Grégoire de Tours, *Hist. Francorum*, III, 18.) Ce n'est pas une préoccupation étrangère au récit de Grégoire de Tours qui nous porte à comprendre ainsi ce passage, car un auteur mérovingien, le rédacteur du *Liber*

ment à Paris et nous nous concerterons pour savoir ce qu'il faut faire de ces enfants : leur couper la chevelure, afin qu'ils soient confondus avec le reste du peuple ou les tuer et nous partager également le royaume de notre frère. » Clotaire accourt à Paris. Childebert répand le bruit que les deux frères se réunissent, afin de procéder à l'intronisation des enfants (quasi parvolus (illos) elevaturus in regno), lesquels ne sont toujours que des aspirants à la couronne. Les deux alliés envoient ce message trompeur à la reine : « Remets-nous ces enfants pour que nous les élevions sur le trône. » On voit que, même vis-à-vis de la reine, le couronnement des enfants dépend de la volonté des oncles. Celle-ci, remplie de joie, s'adressant à ses enfants, leur dit : « Je croirai n'avoir pas perdu mon fils, si je vous vois succéder à son royaume. » Rien, en tout ceci, ne révèle un droit de succession bien établi en faveur des enfants mineurs, mais seulement le désir d'une grand'mère, son vœu, son espérance. La solution est aux mains des oncles. Ceux-ci ont une idée très arrêtée, une résolution ferme : on tondra les enfants ou on les tuera; ils ne seront jamais rois. Et c'est la grand'-mère qui décidera elle-même du sort des enfants, car les conjurés vont lui enlever brutalement toute illusion, en lui faisant dire par un émissaire de prendre elle-même une résolution. Ainsi, aux yeux des oncles, il ne s'agit pas tant de dépouiller des neveux qui, de droit, seraient rois, que d'empêcher une aïeule trop tendre de faire passer la couronne sur la tête des enfants. On sait qu'un cri de désespoir, échappé à Clotilde, entraîna le massacre de deux des enfants. Je ne vois pas que

historiæ Francorum (première moitié du VIIIe siècle), l'a entendu comme nous. Voici son texte : « Vidensque Childebertus rex, quod filios fratris sui senioris Chlodomire prefata regina, mater ipsius, enutriret et nimis eos diligeret, cogitans quod reges eos facere cogitaret. . . » (*Liber historiæ Francorum*, 24, édit. Krusch, p. 279, 280.)

celui des trois qui échappa, Clodoald (saint Cloud), ait jamais réclamé la couronne ou qu'on ait songé ultérieurement à la lui offrir.

Un peu plus tard, en 534, Childebert et Clotaire faillirent traiter un autre neveu, Théodebert, fils de Thierry, roi de Metz, comme ils avaient traité les fils de Clodomir. Théodebert ne succéda à son père que grâce aux précautions qu'il sut prendre et aux dons généreux qu'il fit à ses leudes[1]. On le voit, au début de la dynastie mérovingienne la succession en ligne directe ne paraît pas fermement assise: il y a des prétentions contraires, et même ces prétentions l'emportent une première fois, en l'an 524. On peut ajouter que ces prétentions ne sont pas en désaccord avec l'intérêt général des Francs; elles opposent un certain obstacle à l'émiettement de la puissance franque.

La conduite des fils de Clovis n'a pas été, je le répète, généralement comprise par les historiens; ils n'ont vu que le manteau de l'histoire; ce qu'il recouvre a échappé à la plupart d'entre eux. Je ne dis pas à tous. En effet, Lehuërou a été frappé, avant moi, du sens profond de ces entreprises ambitieuses; il a pesé, lui aussi, les termes employés par Grégoire de Tours et il a bien vu que les expressions du vieil auteur ne concordaient pas parfaitement avec nos conceptions modernes. Il a senti que les meurtres ou les entreprises des fils de Clovis présupposaient quelque prétention au droit, quelque idée plaidable. Seulement il n'a pas bien déterminé la nature juridique de cette idée latente : il a cru que les petits-fils de Clovis

[1] Grégoire de Tours, *Hist. Francorum*, III, 23, 24. L'historien semble ici reconnaître les droits du neveu : « regnum ejus auferre voluerunt. » Il est probable que la tentative des oncles eut lieu, alors que Théodebert, majeur, avait déjà été intronisé.

devaient, dans le système de leurs oncles, être exclus, parce qu'à cette époque le droit de représentation n'était pas admis [1]. C'est une erreur évidente; car la question de la représentation, au sens juridique du mot, ne se pose pas ici. L'idée juridique est tout autre; il s'agit de l'exclusion des enfants au profit des parents plus âgés. Toutefois le plus âgé de la famille, Thierry, qui n'était pas fils de Clotilde, ne se mit pas sur les rangs; ce sont deux parents plus âgés, deux fils de la même mère qui prétendirent en commun à l'héritage. Je m'efforce de lire dans la conscience de ces deux Barbares, car le problème que je soulève ici est un problème psychologique au moins autant qu'un problème juridique; et je me crois autorisé à soutenir que l'acte commis par Childebert et Clotaire n'est point l'équivalent moral de l'acte qu'accompliraient de nos jours deux oncles en écartant leurs neveux du trône paternel. Au fond de ces consciences de Barbares fort peu délicates à coup sûr, s'agitait plus ou moins confusément cette pensée: des enfants sont incapables de régner. Cette idée, il est vrai, c'est nous-même qui, dans l'espèce, essayons de la dégager : elle n'est pas écrite dans le récit du meurtre des fils de Clodomir [2] ; mais nous allons la voir exprimée et formulée dans ce même VIe siècle et à l'occasion d'une tentative dont la valeur juridique est la même.

Clotaire Ier, quatrième fils de Clovis, mourut en 561 et laissa quatre fils : Caribert, Gontran, Sigebert et Chilpéric, qui se partagèrent le royaume. Un cinquième personnage, Gondovald, entra en scène beaucoup plus tard et se donna comme fils de Clotaire Ier, lequel l'avait renié. Gondovald avait habité le nord de l'Italie et s'était ensuite réfugié à Constantinople. Il en revint, en 583, avec l'assistance de l'empereur Maurice et

[1] Lehuërou, *Hist. des instit. carol.*, p. 101-105. — [2] Frédégaire, dans son résumé, ne l'indique nullement. Il ne parle que du meurtre.

débarqua à Marseille. Notre savant confrère, M. Deloche, a naguère exposé, ici même, avec une grande sagacité le côté politique de cette tentative. Il ne reste rien à dire sur ce point et ce n'est pas là ce qui m'intéresse aujourd'hui dans l'affaire de Gondovald. Son histoire est connue. Il occupa, écrit M. Deloche, quelques cités des bords du Rhône et se fit reconnaître, à la fin de l'année 584, dans la Provence, l'Auvergne, le Limousin, l'Angoumois, la Saintonge et les pays situés au sud de ces provinces. Gondovald fut élevé sur le bouclier et proclamé roi à Brive en Limousin. Mais bientôt, abandonné par les chefs qui l'avaient soutenu jusque-là, il essuya des défaites, alla s'enfermer dans Saint-Bertrand de Comminges[1], où il fut assiégé par l'ennemi. Attiré hors des murs de cette place fortifiée, il périt par trahison, au commencement du mois de mai de l'an 585. C'est l'histoire de ce siège, telle que je la trouve dans Grégoire de Tours, qui me fournit une importante révélation et qui me permet, sans méprise possible, sans effort d'interprétation, de découvrir dans les consciences des Francs l'existence d'un sentiment favorable à la *tanistry*. Gondovald est serré de près : du camp des assiégeants on envoie au prétendant injures et quolibets. Celui-ci se place sur la porte de la ville et répond à ses adversaires en établissant ses droits : quel est donc son argument? Quelle est l'idée juridique qu'il peut faire valoir? C'est précisément la *tanistry*. Sigebert est mort, laissant un fils mineur, Childebert; Chilpéric est mort, laissant, lui aussi, un enfant en bas âge; (enfin Caribert est mort depuis longtemps sans postérité mâle.) De toute la lignée, il ne reste que Gontran et des enfants. Aussi on est allé trouver Gondovald; on lui a dit qu'il n'y avait plus

[1] Deloche, dans *Mém. de l'Académie des inscript. et belles-lettres*, t. XXX, 2e partie, p. 368, 369.

personne en Gaule qui pût gouverner le royaume, et il est venu pour se faire reconnaître et régner avec son frère Gontran lequel n'a pas d'enfants. Quant aux neveux vivants, ils sont *minime fortis*, *parvulus :* ils ne peuvent donc régner et voilà pourquoi le trône doit appartenir à Gondovald. Voici le texte même de Grégoire de Tours : « Ante hos enim annos cum Guntchramnus Boso Constantinopolim abissit, et ego sollicitus causas fratrum meorum diligenter rimarem, cognovi generationem nostram valde adtinuatam, nec superesse de stirpe nostra nisi Childeberthum et Guntchrannum regis, fratrem scilicet et fratris mei filium. Filii enim Chilperici regis cum ipso interierant, uno tantum parvulo derelicto. Guntchramnus frater meus filius non habebat; Childebertus nepus noster menime fortis erat. Tunc Guntchramnus Boso, hæc mihi diligenter exposita, invitavit me, dicens : « Veni, quia ab omni- « bus regni regis Childeberti principibus invitaris, nec quis- « quam contra te muttire ausus est. Scimus enim omnes te « filium esse Chlotharii, nec remansit in Galliis, qui regnum « illum regere possit, nisi tu advenias[1]. »

Quelques jours plus tard, au moment de mourir sous les coups de ses ennemis, Gondovald poussera ce cri suprême qui sera aussi sa dernière justification : « En vobis Ballomerem vestrum qui se regis et fratrem dicit et filium[2]. »

Ainsi Gondovald n'a pas d'autre système juridique que celui de la *tanistry*. Voilà l'argument d'un parti qui faillit un moment rester maître du terrain.

Je relèverai encore deux faits qui appartiennent à l'histoire mérovingienne.

Clotaire III mourut en 670. Ébroïn, maire du palais, fit pro-

[1] Grég. de Tours, *Hist. Franc.*, VII, 36.

[2] Grég. de Tours, *Hist. Francorum*, VII, 38.

clamer roi de Neustrie et de Bourgogne Thierry III, frère de Clotaire. Quelques années plus tard, en 673 ou 674, Ebroïn, dont la politique s'était modifiée à la suite d'événements tragiques qu'il est inutile de rappeler ici, prétendit que Clotaire III avait laissé un fils et l'intronisa sous le nom de Clovis[1]. Ce Clovis était-il vraiment fils de Clotaire III? En ce cas, l'avènement de Thierry III ne serait pas autre chose qu'une application de la *tanistry* qu'il faudrait joindre aux indications diverses que je viens de recueillir.

Dagobert III, roi de Neustrie, mourut en 715. Il laissait un fils en bas âge, nommé Thierry. Les Francs ne prirent pas pour roi cet enfant; ils choisirent un fils de Childéric II qui avait été relégué dans un monastère, un certain Daniel qui fut roi sous le nom de Chilpéric II. Thierry IV, fils de Dagobert III, ne monta sur le trône qu'à la mort de Chilpéric II (720), au détriment du fils de ce dernier, qui régna plus tard sous le nom de Childéric III. Une chronique assez moderne explique en ces termes vraiment remarquables la décision prise par les Francs à la mort de Dagobert III : « Celuy Dagobert avoit un fils lequel avoit en nom Thiery. Mais pour ce qu'il fut trop petit et trop josne d'eage pour alors estre roy, les François firent roy d'ung clercq qui avoit nom Danyel et lui misrent en nom Chilperic[2]. » Ce chroniqueur du moyen âge, qui copie

[1] « Denique acceperunt quemdam puerulum, quem Chlotharii fuisse confinxerunt filium, hunc in partibus Austri secum levantes in regnum. Qua de re multum collegerunt hostiliter populum, eo quod verisimile cunctis videbatur esse. » (*Vita s. Leodegarii*, 8, apud D. Bouquet, t. II, p. 617.)

[2] *Chroniques de Flandres*, 3e partie, 45, dans Buchon, *Choix de chroniques et mémoires*, 1838, p. 639. Les *Chroniques de Flandres* sont, en cette partie, dénuées de valeur historique; mais elles ont recueilli, d'où qu'elles viennent et quelle qu'en soit la date, une idée politique très importante et qu'il est utile de dégager. Une partie des *Chroniques de Flandres* ont été publiées de nouveau par M. Kervyn de Lettenhove, à Louvain, en 1877, sous le titre de *Récits d'un bourgeois de Valenciennes*. D'après M. Pirenne, qui a bien voulu me

peut-être quelque source ancienne, allègue, on le voit, précisément le motif que faisait valoir le prétendant Gondovald à l'appui de ses prétentions : il pense, comme Gondovald, qu'un enfant en bas âge ne peut pas occuper le trône.

Avec la puissante famille de Pépin et de Charlemagne, la *tanistry* nous apparaît clairement, bientôt s'organise et se fait un moment sa place dans le droit officiel. Elle se révèle tout d'abord par quelques faits significatifs et d'une importance générale décisive. Après quoi, elle est inscrite en toutes lettres dans la loi successorale de la famille carolingienne; et elle y est inscrite par Charlemagne.

En 747, Pépin le Bref succède à son frère Carloman qui venait de se faire moine et il exclut les deux fils de Carloman. C'est donc la *tanistry* qui, une première fois, préserve d'un partage le *regnum Francorum*, en assure la force, en rétablit l'unité. En 771, Charlemagne succède à son frère Carloman et exclut, lui aussi, ses deux neveux[1]. Pour la seconde fois, la

fournir, par l'intermédiaire de M. Monod, quelques renseignements précieux sur ces chroniques, la partie du texte qui correspond dans l'édition Buchon aux pages 632 à 645, paraît apparentée avec la *Chronique* dite *de Baudoin d'Avesnes.*

[1] *Annales Laur.*, ad ann. 746. *Annal. Patav. contin.*, ad ann. 753. Erchanbert, *Breviar.* (Pertz, *Script.*, t. Ier, p. 11, 136, 137; t. II, p. 328). Eginhard, *Vita Karoli imperatoris*, 3. *Annales*, année 771, dans Teulet, *Einhardi opera*, t. Ier, p. 14, 154. L'idée qu'un enfant ne peut régner est exprimée à l'occasion des neveux de Pépin dans le *Breviarium Erchanberti* : « Carlomannus namque princeps... regnum filiosque suos fratri commendans, quatenus illos, quando ætas advenisset, in regnum sublimaret... » (Pertz, *Script.*, t. II, p. 328.) Cf., sur les relations de Pépin le Bref et de Carloman, son frère, *Liber pontificalis*, édit. Duchesne, 3e fascicule, p. 448, 449; les conjectures intéressantes d'OElsner, dans *Jahrbücher des fränk. Reiches unter König Pippin*, Leipzig, 1871, p. 162, 163; sur l'avènement de Charlemagne seul, Sigurd Abel, *Jahrbücher des fr. Reiches unter Karl dem Grossen*, 2e édit., t. Ier, p. 182 et suiv., p. 152. Des textes importants ne donnent qu'un fils à Carloman, frère de Pépin le Bref; c'est avec beaucoup d'hésitation que je parle dans le texte *des fils* de Carloman. (Voir Richter, *Annalen der deutschen Geschichte im Mittelalter*, 1re partie, Halle, 1873, p. 213, note 3.)

IMPRIMERIE NATIONALE.

tanistry préserve le *regnum* du partage, lui rend la cohésion et l'unité qui seront l'assise nécessaire de l'œuvre de Charlemagne, la base matérielle, le corps même de son empire. Je ne prétends pas que les enfants exclus de la succession paternelle par Pépin et Charlemagne n'aient pas eu leurs partisans. Les esprits sont, à cette époque, habitués à la succession directe qui est très fréquente dans le droit public et qui est imposée par la loi dans le droit privé; mais les entreprises des oncles n'ont pas, si je comprends bien les mœurs de ce temps, le caractère absolument inique et odieux qu'elles auraient de nos jours. Le sentiment public n'est pas nettement hostile à un système successoral qui ne devait pas s'implanter largement chez nous, mais qui a triomphé dans d'autres milieux et a, d'ailleurs, laissé des traces fort remarquables, à tout le moins, dans une de nos provinces. Des fondateurs de dynastie ne heurtent pas trop violemment l'opinion; car elle est leur point d'appui nécessaire. Au reste, Charlemagne avait si peu conscience d'avoir, en excluant ses neveux, violé un droit bien établi, consommé une criante injustice, qu'il a lui-même inscrit officiellement la *tanistry* dans le document que je pourrais appeler la loi successorale, le capitulaire organique de la famille carolingienne. Je veux parler du célèbre partage (*Divisio imperii*) de l'an 806. La *Divisio imperii* est un document vraiment caractéristique et plein d'enseignements précieux. La *tanistry* n'avait été jusqu'alors qu'un système successoral opposé à un autre système : aussi n'avait-elle guère triomphé que par la lutte ou par la violence; ainsi se vident le plus souvent les procès politiques; c'est leur procédure à eux. Charlemagne voulut tout à la fois assurer le triomphe de la *tanistry* et mettre fin à ces déchirements. Il prétendit sanctionner les droits des oncles, tout en garantissant aux neveux la vie et la sécurité: par sa propre histoire, par les traditions de sa famille, par les souvenirs de la période mérovingienne, il savait quel sort cruel un oncle entreprenant peut réserver à ses neveux. Devenu grand-père, il jeta, comme nous le verrons, sur ses petits-fils ce regard prévoyant et protecteur qui sied si bien à un aïeul; mais avant d'arriver à ce curieux détail, analysons, dans ses lignes principales, le capitulaire de l'an 806. Les États du grand empereur sont partagés entre ses trois fils qui reçoivent chacun un royaume, mais qui, tous trois, auront en commun la tutelle de l'Église de Rome (cette tutelle depuis longtemps déjà appartient aux Carolingiens); le nom d'empereur n'est pas prononcé. A cette date, en effet, Charlemagne ne paraît pas encore avoir conçu ce titre d'empereur comme une dignité qu'il pourra transmettre à un de ses fils; mais s'il ne rattache pas à l'empire l'unité du *regnum Francorum*, cette unité n'en est pas moins présente à sa pensée. La division en trois royaumes n'est que provisoire; l'unité sera rétablie plus tard; elle se refera au profit du survivant des trois frères, comme elle s'est refaite, une première fois, à l'avènement de Pépin seul, en 747, une seconde fois à l'avènement de Charlemagne seul, en 771. Et c'est la *tanistry* qui, pour la troisième fois, refera l'unité carolingienne. Voici l'analyse exacte des textes. Les deux frères survivants succéderont au premier frère prédécédé, non pas le fils au père. Cette règle est formulée trois fois de suite, parce que Charlemagne examine tour à tour l'hypothèse du prédécès de chacun de ses trois fils. L'empereur n'ajoute pas en toutes lettres qu'au second décès, le troisième frère, seul survivant, héritera, lui aussi, de préférence à ses neveux et qu'ainsi l'unité sera rétablie. Mais peut-on douter un moment que ce soit bien sa pensée, alors qu'il rappelle expressément la division du *regnum* qui eut lieu entre Carloman et lui-même et décide que cette même répartition se renouvellera entre Pépin et Louis, si Charles meurt le premier? Cependant quel sera le sort des neveux exclus de la succession paternelle? L'aïeul a de bonnes raisons de s'inquiéter du sort de ses petits-fils. Il défend à ses fils de faire mourir leurs neveux nés ou à naître, de les mutiler, de leur faire crever les yeux, de les faire tondre malgré eux[1]. Ainsi une protection matérielle est assurée aux petits-fils de l'empereur. Au reste, leur exclusion n'est pas absolue. Charlemagne, en effet, paraît avoir eu, jusqu'à un certain point, le sentiment de ce qu'il y avait de factice et d'éphémère dans cette résurrection de l'unité romaine, fruit de sa puissante et habile politique. Il a, ce semble, entrevu ce réveil des peuples, mille fois plus fécond et plus grandiose que l'unité impériale, ce réveil qui devait donner à notre Occident sa vivante physionomie moderne et il a sanctionné à l'avance ce fractionnement de l'empire. En d'autres termes, il a prévu que ses petits-fils, exclus de la succession par le régime légal, c'est-à-dire par la *tanistry*, pourraient cependant être demandés par le peuple, être élus par lui et il a voulu qu'en pareil cas le régime de succession normal cédât le pas à la volonté du peuple, volonté encouragée évidemment et stimulée par les soins ambitieux et prévoyants d'un père : « Si talis filius cuilibet istorum trium fratrum natus fuerit quem populus eligere velit ut patri suo in regni hereditate succedat, volumus ut hoc consentiant patrui ipsius pueri et regnare permittant filium fratris sui in portione regni quam pater ejus, frater eorum, habuit[2]. » Cette condition de l'élec-

[1] Rapprochez *Loi salique*, ch. LXIX, *De eum qui infantem alienum tundere præsumpserit*, dans le Codex I de Hessels et Kern, *Lex salica*, p. 406.

[2] C'est ainsi que Bernard succéda à Pépin, son père, en Italie (811); toutefois il semble que Charlemagne lui-même provoqua cet arrangement de famille, mais il fallut le consentement des oncles : « Dominus imperator, consensu filiorum suorum Karoli et Ludovici, Bernhardum, filium Pippini, regem Italiæ pro patre suo resti-

tion ne saurait être de pure forme aux yeux de l'empereur, car, dans les paragraphes précédents du même capitulaire, le système que j'appelle *tanistry* est, au contraire, établi comme la loi successorale de la famille carolingienne.

Cette loi de la famille carolingienne n'est pas une improvisation; ce n'est pas une de ces innovations, une de ces excentricités juridiques, créées un jour de toutes pièces par un inventeur original. Des précédents nombreux et que nous avons relevés avaient préparé le droit qui fut écrit enfin dans le capitulaire de 806. En matière successorale plus encore peut-être qu'en toute autre, écrit un jurisconsulte historien, une sourde genèse élabore discrètement les règles qui semblent ensuite jaillir brusquement de la pensée propre d'un législateur[1].

On sait que l'acte de 806 resta en partie un projet et que les décès survenus avant la mort de Charlemagne permirent de sauvegarder pour le moment l'unité de l'empire.

En 817, lors du partage auquel, à l'exemple de Charlemagne, procéda Louis le Débonnaire, un événement important s'était réalisé et avait nécessairement modifié les vues du chef de l'État. L'empire avait été transmis ou mieux encore continué[2]. Le fils avait ceint, comme le père, la couronne impériale. La politique de Louis le Débonnaire s'inspira tout natu-

tuit. » (*Annales Lob.*, dans Pertz, *Script.*, t. II, p. 195.) Cette idée du consentement des oncles est exprimée aussi dans le capitulaire de 806, que je cite dans le texte. (Capit. de 806, art. 5. Voir tout ce capitulaire dans Boretius, *Cap.*, I, p. 128-130.)

[1] Girard, *L'épigraphie latine et le droit romain*, p. 25.

[2] Le second empereur d'Occident, Louis le Débonnaire, fut fait empereur sans l'intervention du pape par Charlemagne lui-même : « et tandem imperiali eum diademate coronavit. » Mais un peu plus tard, il fut couronné aussi par le pape : « imperator imperiali diademate coronatus. » (L'Astronome, 20, 26, apud Pertz, *Script.*, t. II, p. 621. Cf., sur le couronnement de Louis le Débonnaire par le pape, Brunner dans *Festgabe für Rudolf von Gneist*, p. 3 et suiv.)

rellement de ce précédent. Il abandonna la *tanistry* qui eût pu cependant être adaptée à cette situation nouvelle et voulut assurer une certaine unité par la combinaison de ces deux idées : empire transmissible; droit de primogéniture. Cette notion du privilège de primogéniture n'était pas, en 817, entièrement nouvelle. On la voit poindre dès les temps mérovingiens, mais pendant ces premiers siècles, elle reste sans force durable, sans influence décisive. Louis, je le répète, assura l'empire à son aîné, Lothaire, lui soumit ses cadets auxquels il donna des royaumes qu'on pourrait appeler feudataires et, renonçant à l'espoir de réunir jamais ces divers royaumes en un tout parfaitement homogène, il décida qu'à la mort d'un des rois frères, ses domaines seraient attribués à l'un des enfants du défunt, élu par le peuple. Il n'est plus question des droits des oncles [1].

Toutefois la *tanistry* ne disparaît pas encore de notre histoire; car les droits ou, si on veut, les quasi-droits des oncles sont présents à tous les souvenirs et, quelques années plus tard, un des fils de Louis le Débonnaire, Pépin, roi d'Aquitaine, étant venu à mourir (838) en laissant des héritiers mâles, ces héritiers furent exclus de la succession de leur père. Louis le Débonnaire, se donnant un démenti à lui-même, revint aux règles successorales posées par Charlemagne en 806. Il accorda la préférence au frère sur les fils. Par une application nouvelle du principe de la *tanistry*, Charles le Chauve, c'est-à-dire le frère, devint roi d'Aquitaine, au lieu et place des fils (839). L'aîné de ceux-ci, Pépin, lutta d'ailleurs énergiquement. Son oncle fut plus fort que lui [2].

[1] Boretius, *Cap.*, t. Ier, p. 270-273.

[2] *Annales de Saint-Bertin*, à l'année 839, édit. Dehaisnes, p. 38. *Annales Fuld.*, ad annum 843, dans Pertz, *Script.*, t. Ier, p. 364; ad annum 851 (*ibid.*, p. 367). Prudentii Trec. *Annales*, *ibid.*, p. 435;

En ce qui concerne l'histoire de la royauté franque, je m'en tiendrai aux faits qui viennent d'être relevés. J'ai rencontré, au VIe siècle, des oncles qui s'emparent du royaume au détriment de leurs neveux encore en bas âge et j'ai constaté que, dans cette circonstance, le récit de l'historien ne suppose nullement un droit ferme et solidement établi en faveur des enfants exclus. Il n'est dit nulle part qu'ils soient rois, qu'ils aient acquis le royaume par voie d'hérédité, qu'ils aient droit à l'héritage paternel. Il est dit seulement que leur aïeule veut les faire rois. J'ai appelé l'attention sur un autre oncle, un oncle ambitieux dont le plaidoyer intéressé nous a été conservé par Grégoire de Tours. On peut résumer fidèlement l'argumentation de ce prétendant, en reproduisant les paroles d'un auteur du XVIIe siècle, Leschassier, lequel, parlant de la *tanistry* russe et ottomane, s'exprime ainsi : « Ces peuples ne peuvent avoir pour souverain un masle qui soit enfant. » C'est exactement le thème développé par Gondovald au VIe siècle. J'ai relevé diverses applications de la *tanistry* aux VIIe et VIIIe siècles. J'ai signalé enfin le capitulaire de l'an 806, qui fit entrer pour un instant dans la législation elle-même ces tendances favorables aux frères et donna officiellement à ceux-ci le pas sur les fils; une décision de Louis le Débonnaire qui mit en œuvre ces mêmes principes. Pour qu'une pareille conception pénètre dans le droit, il faut de toute nécessité qu'elle soit ancienne.

Quant au droit privé des divers peuples barbares établis dans les Gaules, il donna toujours la préférence aux descendants sur les collatéraux. Cependant, en pays wisigothique,

Prudentii Trec. *Annales*, ad ann. 844, 848 (*ibid.*, p. 440, 441, 443), ad ann. 849, 852, 854, 857 (p. 444, 447, 448, 450); Hincmar, *Annales*, ad ann. 864 (*ibid.*, p. 465, 466 avec la note 50). L'Astronome, 61, dans Pertz, *Script.*, t. II, p. 645. Cf. Simson, *Jahrbücher des fränkischen Reichs unter Ludwig dem Frommen*, t. II, 1876, p. 218, 219.

certain texte, trop peu remarqué, trahit une préoccupation que je dois signaler. Le législateur sent le besoin de repousser les collatéraux : il combat les prétentions des oncles. Certaines familles auraient donc assez volontiers admis les collatéraux au détriment des descendants. Un article de la loi des Wisigoths semble avoir pour but d'entraver ce courant illégal. Telle est, à mes yeux, la portée de ce petit texte : « Illæ personæ quæ sunt a longioribus constitutæ (il s'agit des collatéraux) nihil se existiment illis prioribus (le rédacteur parle des descendants et des ascendants) posse repetere[1]. »

Un bon nombre des textes relatifs à l'histoire de France que je viens d'analyser nous ont mis en présence d'une sorte de *tanistry* collective, vraiment fort remarquable. On dirait que le sentiment de l'égalité, si vivace chez les Francs, subsiste au cœur même de cette institution successorale dont le principal résultat politique est d'éviter les divisions trop souvent répétées, les morcellements successifs. Cette *tanistry* franque ressemble fort souvent à une sorte de droit d'accroissement au profit des princes déjà pourvus[2].

J'ai peu de chose à dire de la période féodale; mais je ne puis cependant la passer sous silence. Je ne doute point que plusieurs grandes familles françaises n'aient adopté, au moins de temps à autre, le système de la *tanistry*, si favorable à l'établissement d'une solide puissance territoriale. Au XIe siècle, un certain Giraud, seigneur de Montreuil (aujourd'hui département de Maine-et-Loire) semble avoir eu pour successeur non pas son fils qui régna beaucoup plus tard, mais son frère

[1] *Lex Wisig.*, IV, II, *De successionibus*, 3.

[2] On retrouverait ailleurs le même sentiment. Il y a quelque chose de ce genre dans l'histoire de la succession des fils d'Ethelwolf. Voyez Thorpe, *The anglo-saxon chronicle*, t. II, p. 58; Ranulphus Higden, *Polychronicon*, t. VI, London, 1876, p. 352. On pourrait faire d'autres rapprochements.

Renaud[1]. La *tanistry* fut la loi successorale des vicomtes de Thouars en Poitou. Les seigneurs de Parthenay et de Bressuire avaient adopté le même régime. Il était d'ailleurs inscrit dans la coutume de Poitou pour tout le pays sis entre la Sèvre Nantaise et la Dive; le régime de la *tanistry* fut appliqué dans cette petite région à tous les immeubles nobles. Il est décrit avec précision dans la coutume de Poitou du commencement du xve siècle. Les annales de la famille de Thouars nous montrent que des tendances opposées se contrarièrent pendant longtemps à Thouars[2]. La succession directe et la succession collatérale au profit de l'aîné étaient deux principes juridiques rivaux. Après diverses fluctuations, le régime de la succession directe a triomphé dans la famille carolingienne et s'est continué dans la famille capétienne; dans la maison de Thouars, au contraire, et dans toute la région, c'est la *tanistry* qui l'a emporté. Mais cette *tanistry* constituait une bizarrerie juridique qui dut choquer les jurisconsultes, toujours épris de l'uniformité: aussi la *tanistry* disparaît-elle de la coutume de Poitou en 1514. Les jurisconsultes anglais (non pas tous) éprouvèrent la même répulsion pour la *tanistry* irlandaise et lui firent une guerre acharnée.

Un savant a cherché récemment à expliquer la *tanistry*

[1] Cf. d'Espinay, *Notices archéologiques*, 2e série, *Saumur et ses environs*, 1878, p. 150. — Hoël, comte de Nantes, mourut en 980. Il eut pour successeur son frère Guérech. D'après les Bénédictins, cet Hoël laissait deux fils, Hoël et Judicaël (fils naturels suivant D. Lobineau). L'avènement de Guérech serait donc une application de la *tanistry*. Je n'ai pu retrouver les textes sur lesquels se fondent les Bénédictins pour dire qu'Hoël et Judicaël étaient fils d'Hoël, comte de Nantes. Voyez *L'art de vérifier les dates*, t. II, 1784, p. 896; D. Lobineau, *Histoire de Bretagne*, t. Ier, p. 83, 84.

[2] Voyez Imbert, *Notice sur les vicomtes de Thouars*, dans *Mém. de la Soc. des antiq. de l'Ouest*, t. XXIX, p. 321 et suiv.; Ledain, *Hist. de la ville de Parthenay, de ses anciens seigneurs et de la Gâtine du Poitou*, Paris, 1858, p. 49.

poitevine par une importation slave. Une investigation plus complète et plus large dissipe cette illusion. La *tanistry* n'est pas, — je pense que le lecteur est suffisamment édifié à ce sujet, — spéciale aux Slaves. On la retrouve chez les peuples les plus divers : elle convient singulièrement aux races puissantes et conquérantes, car elle empêche le trône de tomber aux mains d'un enfant, elle exclut les minorités et les régences. Les mêmes besoins, les mêmes sentiments, ont engendré sur les points du globe les plus éloignés un système successoral qui, à première vue, semble fort original et vraiment artificiel. C'est surtout dans les détails dont on ne saisit pas tout d'abord la raison d'être que la bizarrerie de ce droit successoral s'accuse davantage. Nous apprenons qu'au XVe siècle une loi, ainsi résumée par les historiens, fut établie pour l'empire du Mexique : le souverain sera choisi parmi les frères et, à leur défaut, parmi les neveux du roi défunt[1]. Cette succession de l'oncle au neveu au détriment du fils étonne au premier moment. On pourrait être tenté d'y voir un trait exclusivement mexicain. Ce serait une grande erreur. La coutume locale du Poitou est tout aussi précise à cet égard : elle formule à peu près la même règle[2]. Cette règle poitevine suffirait à nous expliquer

[1] Juan de Torquemada, *Los veinte i un libros rituales i monarchia indiana*, Madrid, 1723, t. II, p. 358. Clavigero, *Storia antica del Messico*, Cesena, 1780, t. Ier, p. 186, 187.

[2] Voyez le texte de cette coutume du XVe siècle, dans le ms. fr. 12042, fol. 78 v° et 79 r°. Ce texte est imprimé dans *Mém de la Société des ant. de l'Ouest*, t. XXIX, 1864, p. 427-431. Je passe sous silence une provision des deux neuvièmes que le frère (je le désigne par le n° 1), venant à la succession, doit aux frères (2-4), exclus de cette succession. Il est expliqué que ces deux neuvièmes ne sont pas attribués «par manière de succession», mais «par manière de provision». Lorsque la succession passe du dernier frère (4) aux fils (5-8) du frère aîné, le partage se fait autrement. Il y a ce qu'on nomme *retour* et le partage a lieu comme en succession directe : l'aîné (5) prend l'hôtel principal et les trois quarts de toute la terre; les puinés ont le quart. Je pense que les frères (6-8) se succèdent ici comme précédemment : lorsque 8 est décédé, il y a, si

la coutume du Mexique, si les bons historiens de ce pays n'en avaient pas déjà saisi la portée. L'ordre successoral des prêtres de Poseidon à Halicarnasse est, sur ce point, conforme à la coutume poitevine et à la loi mexicaine : lorsque le dernier des frères est décédé, c'est le neveu qui succède à l'oncle [1]; la prêtrise appartient aux fils du frère aîné par ordre d'âge. Ce sont là des applications fort régulières de la *tanistry*. Le dernier frère qui a hérité est le plus jeune frère. Par conséquent, suivant l'ordre naturel, ses enfants sont aussi plus jeunes que les enfants des autres frères, que les neveux; or il s'agit d'assurer la succession au plus âgé : on ira donc chercher ce doyen d'âge, à Thouars comme au Mexique, comme à Halicarnasse, parmi les neveux et non parmi les enfants du *de cujus*.

Mais il serait dangereux de ne s'attacher qu'à ces similitudes. Les différences que présente, suivant les temps et suivant les peuples, une même institution ont droit, elles aussi, à notre attention. Quelques détails de la coutume poitevine et notamment les expressions *viage, retour,* dont elle se sert, m'inspirent cette observation. Nous sommes peut-être autorisés à apercevoir, dans l'organisation de la *tanistry* poitevine, le souvenir du droit originairement commun des frères. On sait que

je ne me trompe, encore une fois *retour* et une succession des trois quarts au quart a lieu en faveur du fils aîné (9) de 5.

[1] Lorsque s'ouvrit la succession de Philippe de Macédoine, lequel était le troisième roi des trois frères, un parti nombreux eût voulu donner la couronne non pas au fils de Philippe, Alexandre, mais à un neveu, au fils de Perdiccas III : πᾶσα δὲ ὕπουλος ἡ Μακεδονία πρὸς Ἀμύνταν ἀποβλέπουσα καὶ τοὺς Ἀερόπου παῖδας (*De Alexandri Magni fortuna*, I, 3, dans Plutarque, édit. Didot, *Scripta moralia*, t. Ier, p. 402). Cf. sur Amyntas, Quinte-Curce, VI, 9; Justin, XII, 6; Droysen, *Hist. de l'Hellénisme*, trad. Bouché-Leclercq, t. Ier, p. 101. En effet, ce neveu était l'héritier légitime, d'après le système de la *tanistry* : en le proclamant, on eût suivi le système successoral adopté à Halicarnasse pour les prêtres de Poseidon. Toutefois les historiens ne donnent pas précisément cette couleur aux prétentions du neveu, ils ne s'expliquent pas.

l'aînesse féodale s'est substituée, non sans hésitations, non sans embarras, au droit primitivement égal de tous les frères. Mais la *tanistry* n'est autre chose qu'une aînesse viagère, passant de tête en tête, depuis celle du premier des frères jusqu'à celle du dernier. Le *viage* poitevin pourrait donc être considéré comme un compromis ingénieux entre la tendance à l'égalité dans les partages et le besoin de maintenir par le droit d'aînesse les biens dans les familles, d'assurer par le même droit le service des fiefs, en ne divisant pas les responsabilités. A la lecture des textes poitevins, on éprouve comme le sentiment intime de cette situation. Si la même pensée existe ailleurs, elle est plus cachée; elle ne se laisse pas deviner comme en Poitou. C'est ainsi que des institutions semblables dans leurs grandes lignes, dans ce que j'appellerai leur matérialité juridique, se peuvent distinguer par des nuances, par des couleurs particulières et se rattachent quelquefois à des origines très diverses. Des causes différentes peuvent, en effet, produire des effets très voisins et presque identiques. Rechercher ces origines et marquer exactement chacune de ces nuances est toujours difficile; les résultats que paraissent fournir les investigations de ce genre restent trop souvent incertains.

Je n'insiste donc pas sur ces conjectures et sur ces détails. Je rappelle seulement, m'en tenant, pour finir, à l'histoire de l'Europe chrétienne, les faits d'un intérêt général qui ont été constatés au cours de cette étude. Au VIIIe et au IXe siècle, Pépin et Charlemagne, au IXe siècle les fils d'Ethelwolf, au XIe Brétislas Ier et Iaroslav, au XIIe Boleslas III, ont fondé ou essayé de fonder, dans l'empire franc, en Angleterre, en Bohême, dans la principauté de Kiev, en Pologne, un régime successoral basé sur la *tanistry*. Ce même régime a joué un grand rôle en

Hongrie au XIe et au XIIe siècle. Très souple dans les premiers temps, plus rigide à la fin de son évolution, il a régi pendant tout le moyen âge les tribus irlandaises. Resté flexible parmi les Slaves du Sud, il y préside, aujourd'hui encore, à la dévolution des pouvoirs du *domac'in*. On sent mieux l'intérêt et la portée de certains faits juridiques, quand on les relie et quand on les compare entre eux. Les étudier isolément, c'est s'exposer à en méconnaître la valeur.

www.ingramcontent.com/pod-product-compliance
Ingram Content Group UK Ltd.
Pitfield, Milton Keynes, MK11 3LW, UK
UKHW021522260726
13993UKWH00004B/1826